QUELQUES
PORTRAITS
POLITIQUES;

Par M. J. B. T. L******.

A PARIS,

DE L'IMPRIMERIE DE CHASSAIGNON,

RUE GÎT-LE-CŒUR, N°. 7.

1823.

QUELQUES

PORTRAITS POLITIQUES.

M. ROYER-COLLARD.

S I je commence par le portrait de **M.** Royer-Collard, c'est parce que c'est à mes yeux le plus beau caractère, l'esprit le plus élevé et la raison la plus forte que l'on trouve parmi les membres de l'Opposition. Toutes ses pensées sont sages, et ses doctrines dépouillées de l'exagération des doctrines de nos jours. Rien de serré, rien de vigoureux comme sa dialectique, et rien d'imposant comme sa parole. Ami sincère de la liberté de son pays, je le crois trop honnête homme pour être ambitieux de grands emplois sur lesquels roule une trop grande responsabilité, quoiqu'il desire sincèrement être utile à sa patrie. Fuyant les intrigues, les cabales, et ayant en horreur tout ce qui sent la faction, M. Royer-Collard n'a pas moins une couleur très prononcée; et tous ses vœux sont pour le triomphe de la révolution par des institutions sages et fortes. En un mot, c'est l'homme qui, au milieu de tous les événemens qui ont été le résultat de notre révolution, a le plus noblement soutenu son caractère sans jamais le compromettre un instant.

M. LAFITTE.

M. Lafitte est réellement un grand citoyen. Son ame est noble et grande ; tous ses sentimens sont généreux, désintéressés, et dévoués à la patrie. Est-il une entreprise honorable et grande ? Aussitôt qu'il a compris ce qu'il peut y avoir de grand, il s'empresse d'y contribuer, et devient l'ame de l'entreprise. Malheureusement M. Lafitte est trop modeste pour se rapporter, en politique, à ses propres lumières et à son sens exquis ; et cette circonstance le met sous l'influence de certains hommes qui l'entraînent souvent dans des démarches extrêmes. Il s'abandonne quelquefois aussi avec trop de vivacité aux mouvemens d'une ame naturellement sensible et fière, que des adversaires rusés provoquent par toute sorte de détours et d'attaques indirectes, tandis qu'il devrait laisser les accusations et les calomnies venir tomber et se briser à ses pieds. Malgré cela, l'abandon généreux d'une partie de sa fortune à un avenir lointain et obscur le rendra toujours cher aux amis de la liberté, et ses nobles sentimens ne seront pas perdus pour la postérité.

M. Casimir PERRIER.

Il y a dans l'éloquence de M. Casimir Perrier de
la force, de la noblesse et de la dignité ; et dans des
momens d'exaltation elle s'est élevée à une grande
hauteur. Cependant elle pêche quelquefois par un
peu de dureté. Son esprit est étendu et élevé, et sa
plaisanterie est pleine de sel. Si M. Casimir Perrier
s'était adonné à la politique dès son plus jeune âge,
nul doute qu'il ne fût capable des plus grandes affaires. Les habiles en finances le regardent comme
un très grand financier ; selon moi, c'est un des
meilleurs citoyens de France, et un des hommes les
plus recommandables de la Chambre, comme orateur.

M. le général GÉRARD.

M. le général Gérard ne m'est connu que par
quelques discours où tout respire la franchise élo-
quente d'un soldat, et son amour pour la gloire de
sa patrie. Il était d'ailleurs considéré, par celui qui a
gouverné long-temps la France, comme un des pre-
miers généraux de nos armées : ce qui caractérise
amplement ses capacités et son mérite.

M. le général FOY.

M. le général Foy est sans contredit l'orateur le

plus remarquable de l'Opposition. Il y a du charme dans ses paroles, du brillant dans son imagination, et son éloquence est toute persuasive. Avec toutes ces qualités, M. Foy est incapable de remplir la place de chef d'Opposition, et parce que son esprit, susceptible, il est vrai, de concevoir les plus hautes idées, ne peut s'y élever de lui-même, et parce qu'il ne tire pas de son propre fonds assez de vigueur de raison pour prendre des déterminations fortes, et parce que l'indécision me semble le caractère distinctif de toutes ses facultés morales. Il serait un excellent second à un chef de parti, et son meilleur champion, parce qu'en le transportant dans la sphère de la politique, et lui communiquant les premières idées, et la direction à leur donner, il les étendrait et ornerait de tout le charme et l'agrément de son éloquence. Aujourd'hui qu'il n'est guidé par personne, il s'est adjoint à la suite des publicistes, dont il discute, étend et orne les soi-disant *principes*. Rôle indigne de lui.

M. DUPONT (de l'Eure).

A quelque point qu'on vante et qu'on élève le caractère de M. Dupont (de l'Eure), je ne puis m'associer aux éloges outrés qu'on lui prodigue ; je ne vois en lui qu'un homme extrême en tout, entêté de ses principes, et l'ennemi juré de tous ceux qui ne croient pas à leur infaillibilité, et n'en adoptent pas toutes les conséquences. Il fait profession de détester le despotisme; mais je crois qu'il ne haïrait pas le despotisme exercé à son profit. Au reste, esprit peu élevé, orateur peu éloquent, et caractère dominé par l'opiniâtreté et la roideur. S'il a fait de grands sacrifices à ses opinions, je ne le plains point. Pour les hommes de sa trempe, qui ont pour la plupart du temps un grand fonds d'orgueil, ils trouvent un plaisir secret de faire l'abandon de leur place pour avoir le droit de pester contre tout gouvernement, et de pouvoir prouver par eux-mêmes son arbitraire et sa tyrannie.

M. GUIZOT.

M. Guizot a l'esprit vaste, étendu, profond et supérieur, sans cependant avoir cette supériorité qui fait dominer sur la multitude. Comme politique, M. Guizot analyse parfaitement tous les événemens passés, en approfondit toutes les causes morales avec une sagacité rare, et les caractérise avec une vérité remarquable. Toutefois il serait à désirer qu'il ramenât ses pensées à des maximes générales plus larges et plus vastes, au lieu de suivre toutes les nuances de ses idées jusque dans les plus petits détails : ce que l'esprit le plus cultivé a de la peine à suivre. Il n'a que peu ou point de cette pénétration prophétique qui par le présent juge de l'avenir : qualité essentielle à l'homme d'état. Il n'est nullement orateur, et son caractère n'est pas d'une trempe assez forte pour jouer un premier rôle. Comme publiciste, c'est le seul de cette époque dont les principes soient établis sur des bases larges, et dont les idées soient saines et conformes à l'expérience de tous les siècles. Aussi c'est un homme précieux pour un Conseil d'Etat appelé à discuter et approfondir les lois.

M. le général LA FAYETTE.

Lancé dans la carrière politique par l'éclat d'une expédition lointaine, M. La Fayette a joui, au commencement de la révolution, de la plus grande popularité. Mais comme son esprit n'était point à la hauteur de sa position, il s'est jeté avec la plus grande imprévoyance dans les circonstances les plus critiques, assumant sur lui une responsabilité terrible, et dont il est sorti cependant avec beaucoup d'honneur. On ne peut douter qu'il ne dût son salut dans ces temps qu'au peu de frayeur qu'il inspirait aux chefs des factions, lorsqu'il eut consommé toute la popularité et par sa maladresse, et parce qu'il ne voulut pas suivre le mouvement des esprits. Après bien des malheurs dans lesquels il lutta avec courage, il sortit de la révolution, dans laquelle il n'avait pas montré de grandes capacités, avec un caractère honorable et l'estime de beaucoup de gens. Quinze ans après, revenu à la surface, et se croyant encore à l'aurore de la révolution, il a terni toute sa vie par des actes du dernier ridicule, s'ils n'eussent été fatals à la France. Sa proposition du 21 juin 1815 est un chef-d'œuvre d'imprévoyance et d'ineptie. Au lieu de réunir alors tous les partis, il lui plut de les diviser, et de nous laisser sans résistance vis-à-vis des ennemis vainqueurs. Mais il fallait une vertu trop haute dont M. de La Fayette n'était pas capable pour oublier ses ressentimens personnels, et ne voir que les dangers de la patrie. C'était la grande ame de Fabius qu'il eût fallu alors pour envoyer au devant de Varron, son ennemi, au lieu de jouir de sa perte. Cette circonstance prouve qu'il est des momens décisifs où un homme nul peut faire beaucoup de mal à sa patrie (1).

____

(1) M. La Fayette était alors, comme il l'est encore, le chef de file de tout ce qui nous reste des hommes de la révolution ; et Dieu sait si elle a légué de grands talens à notre époque ; car, comme on l'a fort bien dit, *elle a dévoré ses enfans chéris.* Ils avaient besoin d'un héros pour mettre à leur tête, et tout naturellement ils en ont fait un de M. La Fayette. Certes, c'est à bien peu de frais ; car tous ses hauts faits en Amérique consistent en quelques missions plus ou moins importantes pour le noble et vertueux Washington ; mais qui n'exigeaient pas un grand génie, puisque c'était un voeu commun à tous les Français, et conforme à la politique du cabinet de Versailles.

*

Transplanté de nouveau dans la Chambre des Députés avec les mêmes principes et le même esprit ; enivré de plus par les louanges d'un tas d'imbécilles qui le décorent des mots pompeux de *compagnon*, *d'ami de Washington*, et de *vétéran de la liberté*, il se croit encore l'homme du peuple et le héros de l'opinion. C'est pourquoi ses discours ont un ton de forfanterie qui forme un contraste assez bizarre avec le peu de crédit qu'il a, et son impuissance sur l'opinion. On peut dire à propos de lui :

Rien n'est si dangereux qu'un ignorant ami :
Mieux vaudrait un sage ennemi.

M. LABBEY DE POMPIÈRES.

M. Labbey de Pompières est un homme rempli de candeur et de probité. Son esprit est élevé et plein de sagacité ; son éloquence est vive, impétueuse, sans être cependant dépourvue de force. Zélé pour tout ce qui tend aux intérêts de la patrie, modeste sans affectation, toute son ambition est de voir la France heureuse et libre. Pour n'avoir pas la hauteur et la morgue de tels de ses collègues, il n'en est pas moins un homme très remarquable et un excellent citoyen.

M. MANUEL.

M. Manuel a de l'ame, et une éloquence qu'il ne prostitue pas. Sa dialectique est vigoureuse et serrée ;

mais son esprit, comprimé dans une sphère très étroite et très inférieure, ne donne pas à son éloquence une vaste carrière à exploiter. S'il s'agissait de déterminer les limites des droits respectifs d'un souverain et d'une Chambre, selon telle ou telle constitution, M. Manuel serait un homme très recommandable; mais comme il s'agit aujourd'hui d'une question de politique des plus hautes et des plus vastes, tout-à-fait au-dessus de sa portée, il ne peut jouer qu'un rôle très médiocre.

M. COURVOISIER.

Tel qu'un athlète adroit, vigoureux et rusé, M. Courvoisier sait combattre dans tous les sens et sous toutes les formes, et persuader, tout en fuyant, qu'il revient vainqueur. Son esprit est élevé, mais ses principes ne sont peut-être pas très bien prononcés. Au total, c'est un homme qui pourrait être d'un très grand secours pour un ministère, comme il serait lui-même déplacé dans une Opposition où l'adresse et la ruse ne sont et ne doivent être que très rarement employées. Il n'a d'ailleurs qu'un caractère assez faible, qui a besoin d'un soutien et d'un point d'appui.

M. BIGNON.

J'ai cru long-temps que M. Bignon avait de la hauteur et de l'étendue dans l'esprit : son dernier ouvrage, sur *les Cabinets et les Peuples*, ne m'a pas confirmé dans cette idée. Il a bien une lueur de ce qui se passe en Europe; mais il n'a pas compris toute l'étendue de la question et toute sa gravité; il n'a pas non plus saisi les vues particulières de chaque cabinet et l'ensemble du mouvement universel. De son propre aveu, le changement de politique des cabinets en 1818, le langage de certain diplomate et les vues d'un grand souverain, sont autant d'énigmes pour lui; et cependant, quand bien même il n'aurait pas suivi la lutte qui partage le monde depuis 91, son origine, nous avons depuis long-temps des données assez positives pour expliquer toute la politique européenne du jour. N'opposer d'ailleurs que des moralités à la politique des intérêts, cela peut être quelquefois l'indice d'une belle ame; mais à coup sûr ce n'est pas celui d'un grand esprit. Un tel ouvrage, sorti de la plume d'un homme que les chefs libéraux avouent pour leur premier diplomate, prouve que tout est livré au hasard dans nos destinées, et qu'ils auront bien de la peine à nous tirer du bourbier dans lequel ils nous ont précipités. En effet : en politique, si c'est par contre-ruse qu'il faut agir avec des adversaires rusés, comment feront-ils nos affaires, lorsqu'ils agissent sans idées du présent, sans prévoyance de l'avenir, réduits à discuter des formes et à lancer des traits au hasard? Pour un trait qui frappe

juste, mille portent à faux, et vont jeter la con-
fusion dans tous les esprits, intimider tout le parti,
et provoquer le mépris de nos adversaires en en-
courageant leurs espérances. Cet état de choses
durera tant que le monopole de la presse et tous
les moyens de publicité seront entre les mains de
quelques littérateurs, et d'une nuée de publicistes qui
exploitent avec une incroyable effronterie tout le do-
maine politique et littéraire, se jouant sans pudeur de
la crédulité publique et de toutes nos destinées. Ils
ont d'ailleurs tellement accaparé la sagesse humaine
en eux, que le bon sens s'est enfui à leur aspect,
pour faire place à un galimatias philosophique et
métaphysique qui doit, nous disent-ils, ramener les
temps fortunés de Saturne et de Rhée, mais qui, en
attendant, étouffe tout sentiment généreux, paralyse
toute l'énergie de la nation, et met notre avenir dans
le plus grand péril.

M. KÉRATRY.

M. Kératry a de la douceur et du charme dans
la voix. Si ses jugemens ne sont pas tirés de bien
haut, il a dans ses narrations toute la grace, la
candeur et la simplicité du bon Plutarque. Homme
doux, modeste, et digne par ses vertus d'être re-
présentant de la France.

M. Benjamin CONSTANT.

Je ne crois pas devoir parler de M. Benjamin comme politique. Jamais, que je sache, il n'a aspiré à ce titre, ni pu y aspirer : je n'ai donc à le juger que comme publiciste, écrivain et comme orateur. Qu'on admire tant qu'on voudra ses ouvrages de principes politiques et de politique constitutionnelle ; quant à moi, j'y ai cherché un corps de doctrines basé selon la raison universelle de tous les siècles : je n'en ai point trouvé. J'y ai cherché des principes solidement établis : je n'en ai trouvé que quelques uns épars au milieu d'un galimatias sans fin sur les droits et les devoirs des gouvernans et des gouvernés, dans lequel il ne distingue ni les nations, ni les différens états de société ; et cependant il est évident que tout gouvernement doit être assorti aux temps, aux circonstances, et à l'esprit divers de chaque peuple. En le considérant comme écrivain, on ne peut nier qu'il n'ait du charme, de l'élégance et de la variété dans son style ; comme orateur, de la chaleur et de l'abondance dans la diction, quoique son éloquence n'ait ni élévation, ni grandeur, ni force, et qu'elle dégénère souvent en criailleries que lui inspire vent sans cesse sa vanité blessée. Il règne enfin dans ce qu'il écrit un ton de supériorité et d'indu- bitabilité qui n'est ordinairement l'apanage que des seuls esprits supérieurs, et qui n'est que fort singulier lorsqu'il s'allie à un esprit d'un ordre tout-à-fait au-dessous de l'ordinaire. C'est peut-être ici la seule cause de cet engouement passager qu'il avait su créer, et dont quelques gens encore ne sont pas tout-à-fait revenus.

Je suis convaincu que cet homme serait bientôt un objet de ridicule, s'il se trouvait jamais en face de lui un orateur d'une dialectique vigoureuse et serrée, qui, sans avoir égard au charlatanisme de ses discours, se plût à l'attaquer ou le combattre. De l'éloquence, sans liberté ni vigueur d'esprit : voilà tout l'homme. Certes il ne faudrait pas beaucoup d'hommes comme lui à chaque époque dans un état, pour que tout restât éternellement dans le chaos, sans pouvoir jamais ni l'éclaircir ni même le débrouiller.

M. DE SERRES.

M. de Serres a une éloquence vive, entraînante et pleine de force, quoiqu'il n'ait ni élévation, ni grandeur, ni force dans l'esprit. Sa dialectique est légère, et dépourvue de moyens puisés dans la nature des choses. Ses passions et son imagination, voilà le foyer de son éloquence à laquelle on résiste difficilement, tant il est vrai que ce qui parle à ces deux sens chez nous a plus d'influence que ce qui parle à la raison elle-même. C'est un homme de beaucoup au-dessous d'un ministère, mais qui pourrait être d'un très grand secours à un ministre, si son caractère n'était pas trop fougueux, et s'il n'était pas trop entêté de ses opinions pour pouvoir être manié et guidé.

M. DECAZES.

Dans un pays où il n'y a ni castes, ni existences sociales enracinées, la tâche de l'homme d'état devient sans doute plus facile, parce qu'il ne trouve de résistance nulle part lorsqu'il marche avec l'opinion du plus grand nombre; mais aussi il faut un esprit supérieur qui connaisse profondément la nature humaine pour apprécier les opinions de la multitude, en expliquant tour-à-tour son silence, son ardeur, sa timidité, et pour savoir agir en même temps sur tous les esprits. Cette œuvre, facile pour l'homme supérieur, est un abyme obscur pour l'homme médiocre qui prend ses desirs pour les desirs de tous, ses opinions pour les opinions de tous, et qui ne voit les choses qu'à travers les pensées de ses amis, et se laisse souvent influencer par les coteries et même les factions. Jamais homme placé à la tête d'une nation dans un tel état de société, sans un assortiment de grandes qualités qui forment le génie, ne parviendra à la gouverner sans froissemens; et souvent même, avec beaucoup de mérite, il finira par se faire mépriser de tous les partis. Dans le poste où s'est trouvé M. Decazes, s'il eût compris et mesuré sa position avec un peu de caractère et d'énergie, il eût pu mettre la contre-révolution hors de cause; mais, ainsi que bien d'autres, il n'a jamais eu la clef des événemens politiques qui se sont passés sous son ministère. Aussi sa conduite a-t-elle été incertaine, chancelante, irrésolue, sans couleur et sans énergie. Au total, si M. Decazes n'a pas assez d'étendue et de profondeur d'esprit pour un grand rôle, on ne peut disconvenir qu'il n'ait beaucoup d'adresse et de flexibilité; ce qui en fait un homme très remarquable.

M. GIRARDIN.

M. Girardin est un honnête homme, sensible à l'excès, qui a beaucoup de graces, de charmes et de vivacité dans l'esprit. Toutes ses pensées sont tournées vers le bien de sa patrie par le triomphe des idées libérales. Il sait très bien ce qu'il veut; mais je doute qu'il sache aussi bien dans quel siècle nous vivons, au milieu de quels événemens et au milieu de quels hommes. Il fait aussi un peu trop souvent usage de son esprit à la tribune.

M. LANJUINAIS.

M. Lanjuinais, au sein de la Convention, et à plusieurs reprises, donna des preuves du plus mâle courage et de la plus noble énergie. Un grand caractère a toujours besoin d'un grand esprit (car les plus nobles passions ont leurs bornes qu'il ne faut pas dépasser); sans cela, il marche d'extrêmes en extrêmes, croyant dans toute la sincérité de son ame servir sa patrie. M. Lanjuinais n'avait qu'un beau caractère et de grandes et nobles passions qui le portaient aux extrêmes ; c'est pourquoi il inspira toujours peu d'ombrage aux tigres féroces qui gouvernaient alors ; c'est pourquoi encore il a fait bien des fautes depuis, que la suite des événemens lui prouvera, si le temps présent ne les lui a pas déjà révélés. Comme publiciste, M. Lanjuinais adopte dans toute leur extension les doctrines de 91, qui conviendraient tout au plus à une société d'anges gouvernés par des êtres d'une nature supérieure, et reconnue supérieure par leurs subordonnés.

M. DE PRADT.

Si l'on a trouvé avec raison que nos publicistes, et généralement tous nos hommes d'état, étaient condamnés à se répéter sans cesse depuis que les théories inventées de nos jours, si souvent discutées et analysées, n'offrent plus rien à exploiter, aucun écrivain de l'époque ne prouve avec plus d'évidence que M. de Pradt la vérité de cette assertion. Auteur d'une foule d'ouvrages dont on pourrait aisément extraire la substance en un bien petit nombre de pages, M. de Pradt a l'esprit léger, superficiel, et d'une telle fécondité, qu'il pourrait sans difficulté mettre sous presse un immense volume chaque mois. C'est un homme plein de lui-même, aspirant à tout, voulant se mêler de tout, et se croyant capable de tout. C'est pourquoi nous serons réduits à le voir se remuer, s'agiter, pérorer, régenter, tracasser jusqu'à la consommation des siècles, si dame Nature ne vient l'enlever au milieu de ses succès et de ses triomphes imaginaires.

M. TERNAUX.

M. Ternaux est un homme de bien dans toute la force du terme. Ami sincère de la paix et de la prospérité de son pays, tous ses vœux, tous ses discours, tous ses actes tendent à ce noble but. Il n'a pas peu contribué d'ailleurs par son industrie à donner l'essor à nos manufactures, qui les a portées à ce haut degré de supériorité qui fait la jalousie de toutes les nations de l'Europe, et forme une partie de nos richesses et de notre gloire nationale.

M. le général SÉBASTIANI.

Orateur élégant, poli, plein de graces et de charmes, M. Sébastiani parle sur toutes les questions avec abondance et agrément. Son esprit, s'il n'a pas toute la vigueur nécessaire pour un grand rôle, ne manque pas d'élévation et de sagacité. Son caractère est celui d'un homme doux, modeste et plein d'amabilité.

M. VOYER-D'ARGENSON.

M. Voyer-d'Argenson me paraît avoir le caractère, l'énergie et le patriotisme d'un grand citoyen.

Ne le connaissant pas particulièrement, je ne puis guère juger de ses talens oratoires ni de ses capacités comme politique, puisqu'il évite la tribune, où il n'a paru que dans quelques circonstances graves.

M. DE SAINT-AULAIRE.

M. de Saint-Aulaire a l'esprit élevé, l'ame noble; et quoiqu'il n'ait pas rempli des postes qui demandent une grande étendue d'esprit, on peut présumer qu'il n'en est pas incapable. Jamais il ne descend au-dessous de sa dignité. Toujours calme au milieu des débats les plus passionnés et les plus tumultueux, il parle encore avec sagesse et sang-froid. Ami sincère de la vérité, il n'a point cette politique timide qui tient compte des circonstances, et il développe ce qu'il a dans l'ame avec énergie et un caractère noblement soutenu. Il serait à souhaiter qu'il eût plus d'influence dans l'Opposition; mais, sous le règne des petits esprits, il n'y a que les idées extrêmes qui peuvent prévaloir. C'est pourquoi, par un tact exquis des convenances, et pour ne pas descendre dans l'arène des passions, il ne parle que très rarement, et seulement dans les circonstances où se taire serait une insouciance coupable.

FIN.